AF359632

RÈGLEMENT PROVISOIRE

SUR L'INSTRUCTION A PIED,

A L'USAGE SPÉCIAL DU RÉGIMENT D'ARTILLERIE DE LA MARINE.

PLANCHES.

Librairie militaire de VEUVE BERGER-LEVRAULT et FILS,
Éditeurs de l'Annuaire militaire de l'Empire français.

PARIS,
RUE DES SAINTS-PÈRES, 8.

STRASBOURG,
RUE DES JUIFS, 33.

1857

TABLE DES PLANCHES.

BASES GÉNÉRALES DE L'INSTRUCTION.

Pages du texte.   Numéro des planches.

32   Formation du régiment en bataille, disposé pour une inspection du colonel   1

INSTRUCTION A PIED.

ÉCOLE DU CANONNIER A PIED.

Numéro des planches.

96   A droite, à gauche . . . . fig. A et B ⎫
95   Demi-tour à droite . . . . — C et D ⎬ 2-3
95   Quart d'à droite, quart à gauche . . . . — E et F ⎭

Maniement des armes et feux (carabine à tige) ⎧ planches A, B, C, D,
                                    ⎨ — E, F, G, H,
                                    ⎩ — I, J, K, L.
                                     — M, N.

INSTRUCTION SUR LE TIR . . . .   4.

ÉCOLE DU PELOTON A PIED.

350   Par file à droite, alignement . . . . fig. A ⎫
353   Sur une direction oblique, par file alignement . . . . — B ⎪
355   Par file en arrière, à droite alignement . . . . — C ⎬ 5
356   Ouvrir les rangs. . . . . — D ⎪
356   Serrer les rangs. . . . . — E ⎭

Pages du texte.

358   Marche directe en colonne par un, et changement de direction . fig. A ⎫
361   Marche oblique individuelle . . . . — B ⎬ 6
362   Marche directe en colonne par le flanc, et chang. de direction . — C ⎪
363   Marche oblique individuelle. . . . . — D ⎭
366   Former le peloton en avant en bataille . . . . fig. A ⎫
365   Former le peloton sur la droite en bataille . . . . — B ⎬ 7
368   Former le peloton à gauche sur un rang . . . . — C ⎪
369   Former le peloton à droite sur deux rangs . . . . — D ⎭
373   Rompre le peloton par quatre files à droite. . . . . fig. A ⎫
375   Marche directe et changement de direction . . . . — B ⎬ 8
379   Marche oblique individuelle. . . . . — C ⎭
381   Le peloton marchant en colonne par 4, le former en avant en bat. fig. A ⎫
381   Le peloton marchant en colonne par 4, le former sur la droite ⎬ 9
        en bataille. . . . . — B ⎭
398   Contre-marche. . . . . fig. A ⎫
402   Conversion à pivot fixe, à rangs ouverts. . . . . — B ⎪
402   Conversion à pivot fixe, à rangs serrés. . . . . — C ⎬ 10
411   Conversion à pivot mouvant. . . . . — D ⎭

ÉCOLE DE L'ESCADRON A PIED.

Pages du texte.		Numéro des planches.
421	Ordre en bataille de l'escadron de manœuvre. . . . . fig. A	11
423	Ordre en colonne par quatre . . . . — B	
424	Ordre en colonne par pelotons. . . . . — C	
426	Ordre en colonne par divisions. . . . . — D	
433	Alignement successif des pelotons dans l'escadron . . . . . fig. A et B	12
438	L'escadron marchant en colonne par quatre, le former en avant en bat.	13
451	L'escadron étant en bataille, le former en colonne avec distance fig. A	14
454	Changement de direction par des conversions successives . . . — B	
456	Marche oblique individuelle.	15
459	L'escadron marchant en colonne avec distance, faire face au côté opposé à sa direction. . . . . fig. A	16
462	A gauche en bataille. . . . . — B	
466	Rompre à droite pour marcher vers la gauche . . . . fig. A	17
469	Rompre en arrière par la droite pour marcher vers la gauche . — B	
470	Sur la droite en bataille.	18
474	Rompre par pelotons en avant de son front.	19
475	En avant en bataille.	20
482	Sur la queue de la colonne face en arrière, ordre inverse en bataille.	21
485	Sur la tête de la colonne, face en arrière en bataille.	22
488	Par quatre files à gauche, et se remettre en colonne	23
492	Marche de l'escadron en bataille, avec files d'encadrement en avant.	24
492	Marche de l'escadron en bataille. . . . . fig. A	25
499	Contre-marche. . . . . — B	
503	Conversion à pivot fixe.	26
506	Conversion à pivot mouvant.	27
508	Marche oblique individuelle. . . . . fig. A	28
509	Marche oblique par troupe . . . . — B	
514	L'escadron marchant en bataille, le faire marcher en arrière par un demi-tour par pelotons.	29
517	Passages d'obstacles	30

ÉVOLUTIONS DU RÉGIMENT DE MANŒUVRE.

Pages du texte.		Numéro des planches.
528	Formation du régiment de manœuvre à pied, dans l'ordre en bataille .	31
532	Ordre en colonne par quatre . . . . fig. A	32
536	Ordre en colonne serrée. . . . . — B	
534	Ordre en colonne par pelotons . . . . fig. A	32 bis.
536	Ordre en colonne par divisions . . . . — B	
559	Manière de placer les points intermédiaires entre deux points donnés. .	33
561	Manière de déterminer les autres points, lorsqu'on n'a donné qu'un seul point de direction.	33
575	Former le régiment en colonne serrée pour faire face à droite, fig. A	34
575	Former le régiment en colonne serrée sans changer de front. . — B	
584	Changer de direction.	35
603	Former le régiment en avant en bataille	36
607	Former le régiment en arrière en bataille sur la queue de la colonne .	37
607	Former le régiment face en arrière en bataille sur la tête de la colonne	38
612	Formation à gauche et en avant en bataille.	39
612	Formation à gauche et face en arrière en bataille.	40
612	Formation en avant en bataille sur un escadron du centre	41
612	Formation face en arrière en bataille sur un escadron du centre	42
622	Former une colonne serrée en bataille sur son flanc gauche	43
626	Déployer une colonne serrée sur un escadron du centre	44
626	Déployer une colonne serrée en échelons et la former obliquem' en bat.	45
642	Changer le front de la ligne de bataille.	46

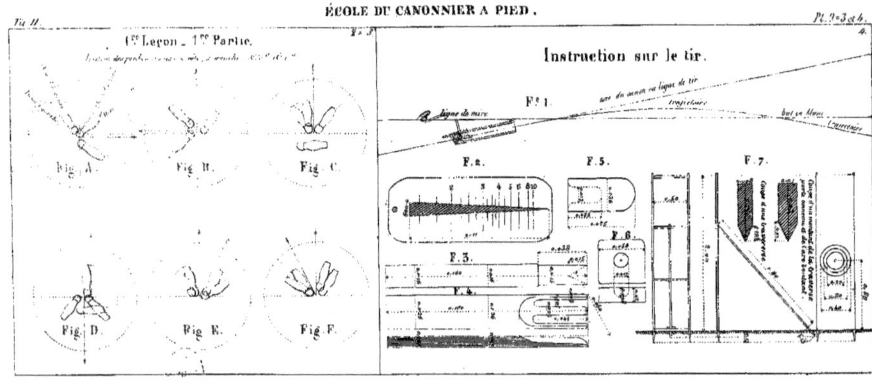

1re Leçon _ 1re Partie.
Fig. A.
Fig. B.
Fig. C.
Fig. D.
Fig. E.
Fig. F.
Instruction sur le tir.
Fig. 1.
ligne de mire
axe du canon ou ligne de tir
trajectoire
but en blanc
courvenaire
F. 2.
F. 5.
F. 6.
F. 7.
F. 3.
F. 4.

École du Canonnier à pied.

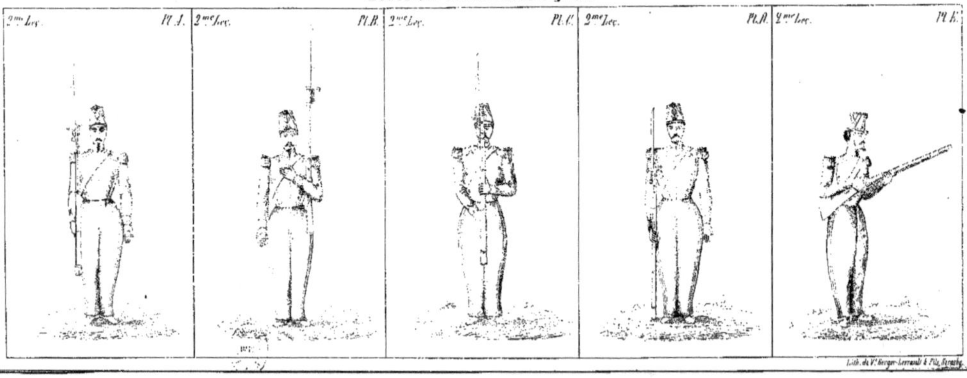

École du Cauonnier à pied.
2me leç.   Pl.F.
2me leç.   Pl.G.
2me leç.   Pl.H.
3me leç.   Pl.I.
2me leç.   Pl.J.
Lith. de Vve Berger-Levrault & Fils, Strasbg.

École du Canonnier à pied.

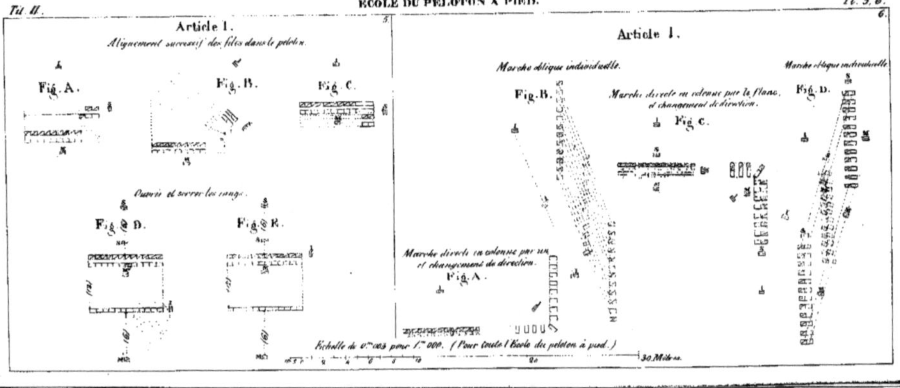
Article 1.
Alignement successif des files dans le peloton.
Fig. A.
Fig. B.
Fig. C.
Ouvrir et serrer les rangs.
Fig. D.
Fig. E.
Article 1.
Marche oblique individuelle.
Fig. B.
Marche directe en colonne par le flanc,
et changement de direction.
Fig. C.
Marche oblique individuelle.
Fig. D.
Marche directe en colonne par un
et changement de direction.
Fig. A.
Échelle de 0m.003 pour 1m.000. (Pour toute l'École du peloton à pied.)
30 Mètres.

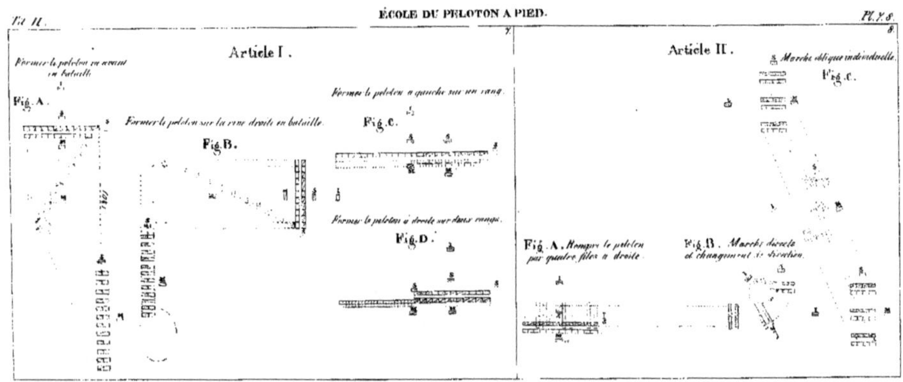
Article I.
Former le peloton en avant en bataille.
Fig. A.
Former le peloton sur la rive droite en bataille.
Fig. B.
Former le peloton à gauche sur un rang.
Fig. C.
Former le peloton à droite sur deux rangs.
Fig. D.
Article II.
Marche oblique individuelle.
Fig. C.
Fig. A. Rompre le peloton par quatre files à droite.
Fig. B. Marche directe et changement de direction.

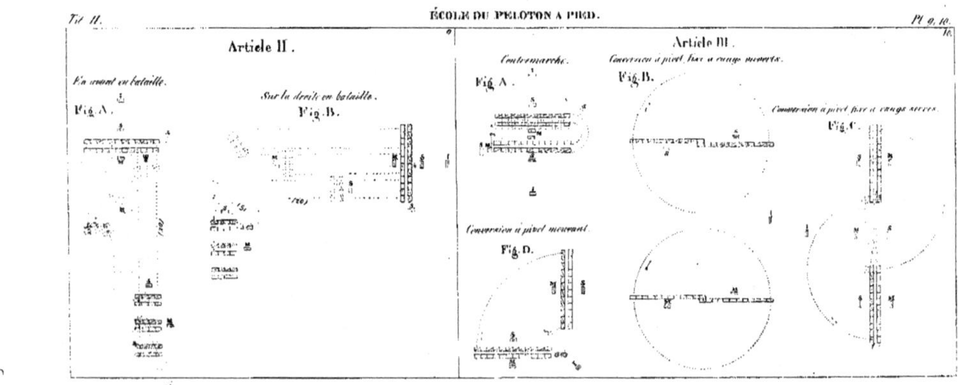

Article II.
En avant en bataille.
Fig. A.
Sur la droite en bataille.
Fig. B.
Article III.
Contremarche.
Fig. A.
Conversion à pivot fixe à rangs ouverts.
Fig. B.
Conversion à pivot fixe à rangs serrés.
Fig. C.
Conversion à pivot mouvant.
Fig. D.

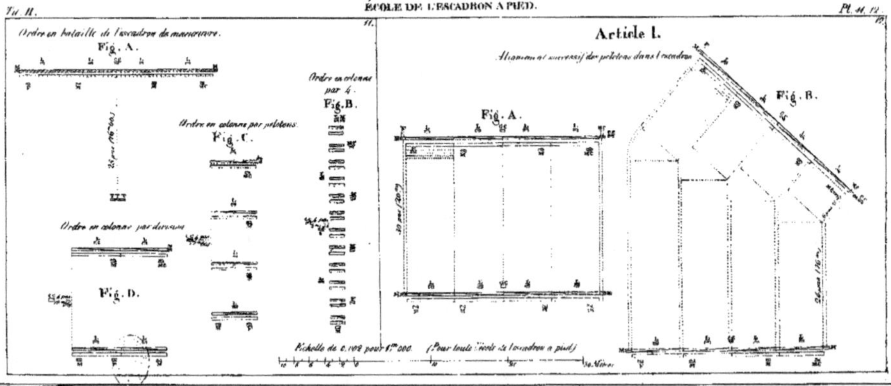
Tit. II.
Pl. 11. 12.
Ordre en bataille de l'escadron de manœuvre.
Fig. A.
Ordre en colonne par 4.
Fig. B.
Ordre en colonne par pelotons.
Fig. C.
Ordre en colonne par division.
Fig. D.
Article I.
Fig. A.
Fig. B.
Échelle de 0,002 pour 1.m 000. (Pour toute l'école de l'escadron à pied.)

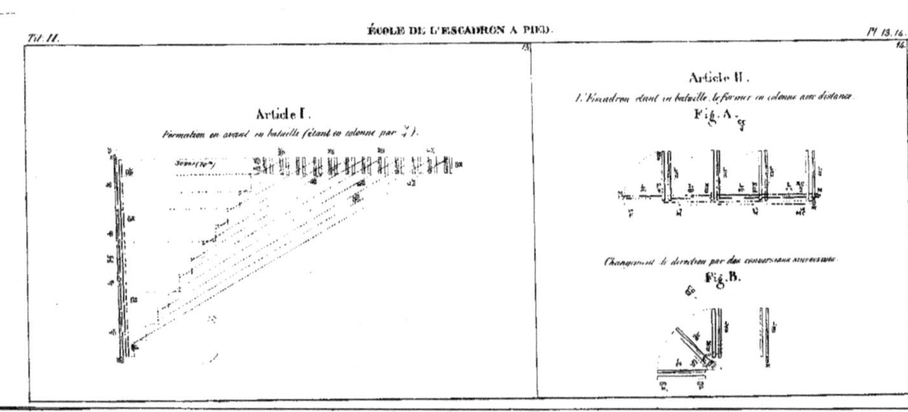

Article I.
Formation en avant en bataille (étant en colonne par 4).
Article II.
L'Escadron étant en bataille, le former en colonne avec distance.
Fig. A.
Changement de direction par des conversions successives.
Fig. B.

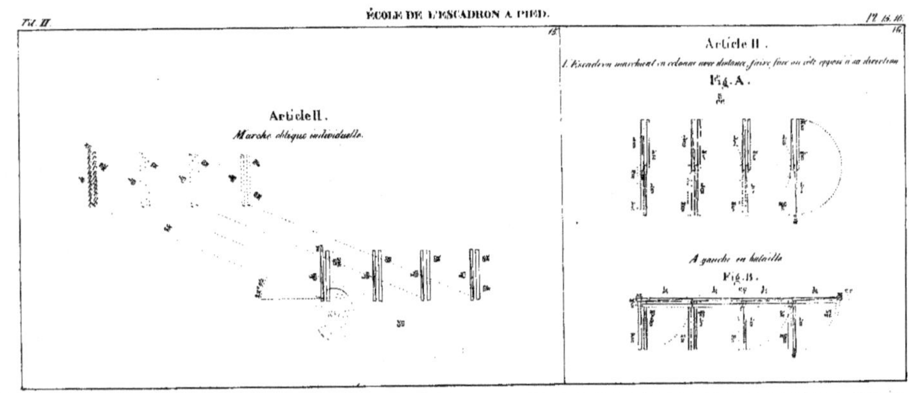

Article II.
Marche oblique individuelle.
Article II.
L'Escadron marchant en colonne avec distance, faire face ou côté opposé à sa direction.
Fig. A.
A gauche en bataille.
Fig. B.

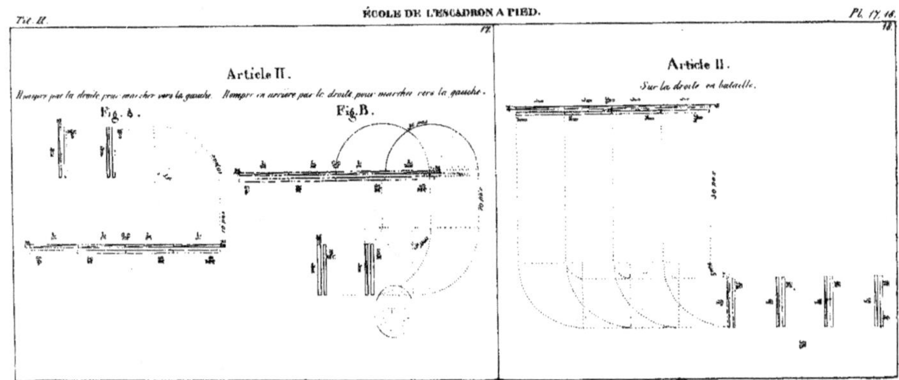

Article II.
Rompre par la droite pour marcher vers la gauche.
Rompre en arrière par le droite, pour marcher vers la gauche.
Fig. A.
Fig. B.
Article II.
Sur la droite en bataille.

Article II.

Rompre par peloton en avant de son front.

Article II.

En avant en bataille.

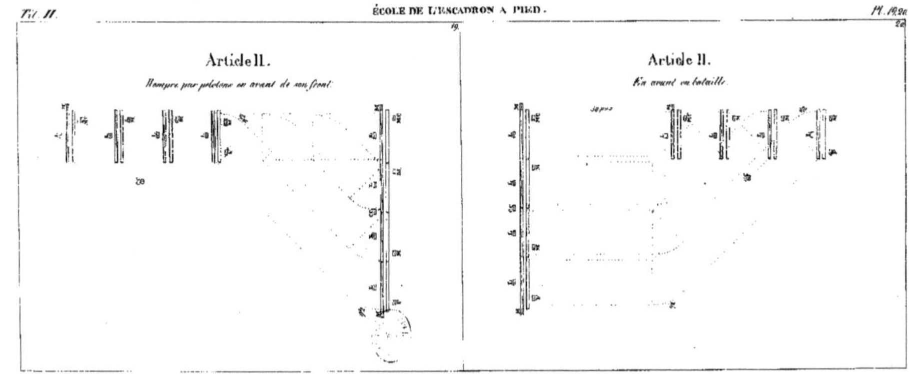

Article II.

Sur la queue de la colonne, face en arrière en bataille.

Article II.

Sur la tête de la colonne, face en arrière en bataille.

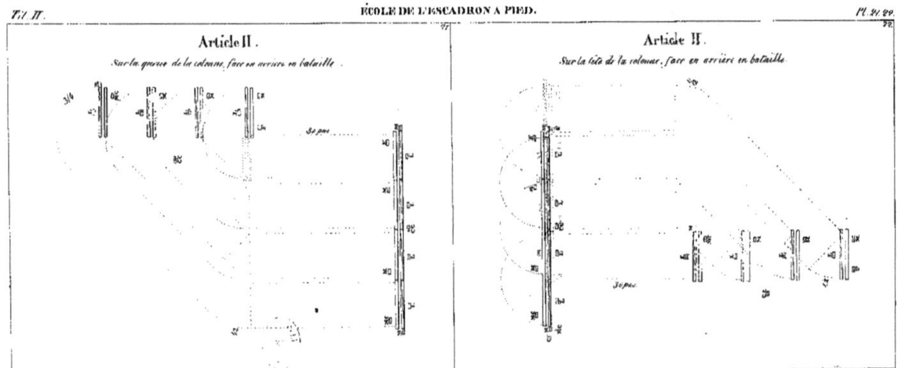

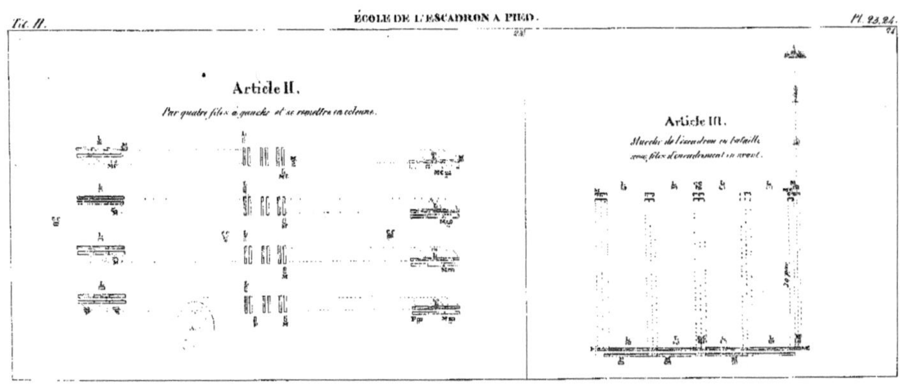
Article II.
Par quatre files à gauche et se remettre en colonne.
Article III.
Marche de l'escadron en bataille,
sous files d'encadrement en avant.

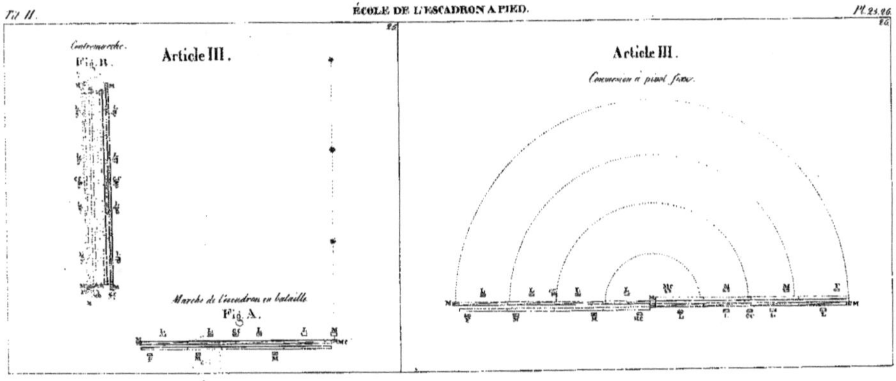
Contremarche.
Fig. B.
Article III.
Marche de l'escadron en bataille.
Fig. A.
Article III.
Conversion à pivot fixe.

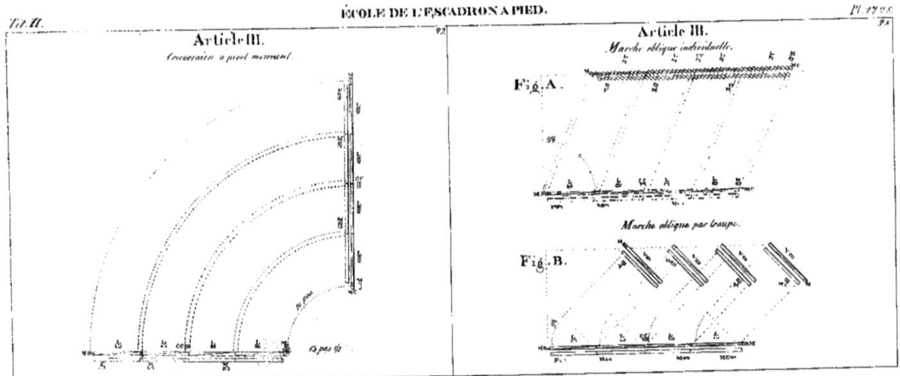
Article III.
Conversion à pied ferme.
Article III.
Marche oblique individuelle.
Fig. A.
Marche oblique par troupe.
Fig. B.

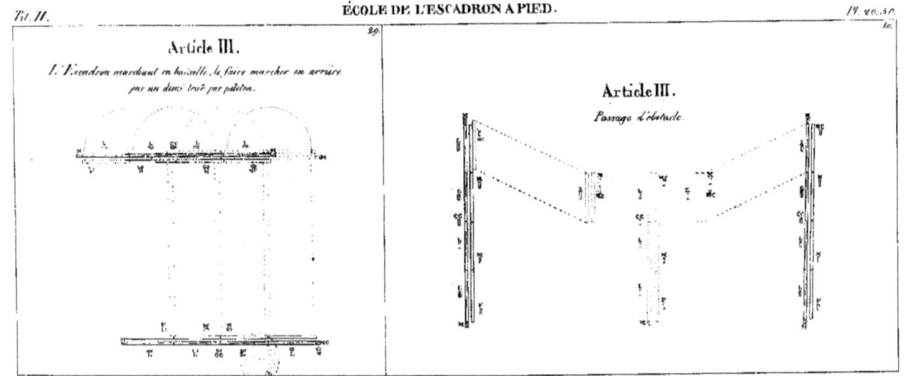
Article III.
L'Escadron marchant en bataille, le faire marcher en arrière
par un deux, trois par peloton.
Article III.
Passage d'obstacle.

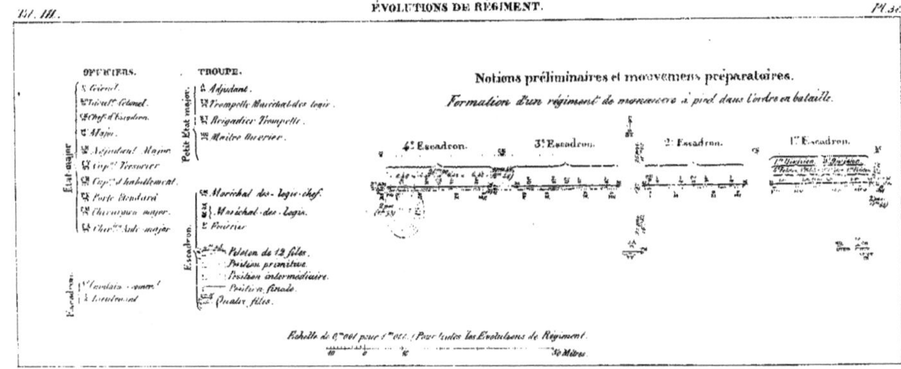

OFFICIERS.
TROUPE.
Notions préliminaires et mouvemens préparatoires.
Formation d'un régiment de manœuvre à pied dans l'ordre en bataille.
4.ᵉ Escadron.
3.ᵉ Escadron.
2.ᵉ Escadron.
1.ᵉʳ Escadron.
Echelle de 0ᵐ001 pour 1ᵐ000 ; Pour toutes les Evolutions de Régiment.
50 Mètres.

Notions préliminaires et mouvemens préparatoires.

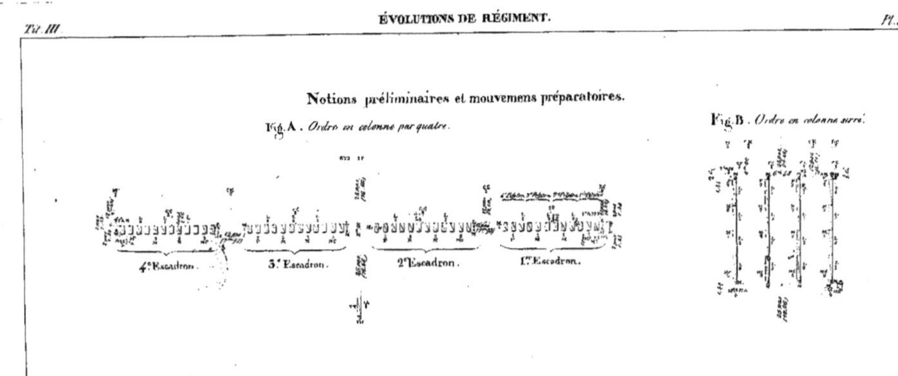

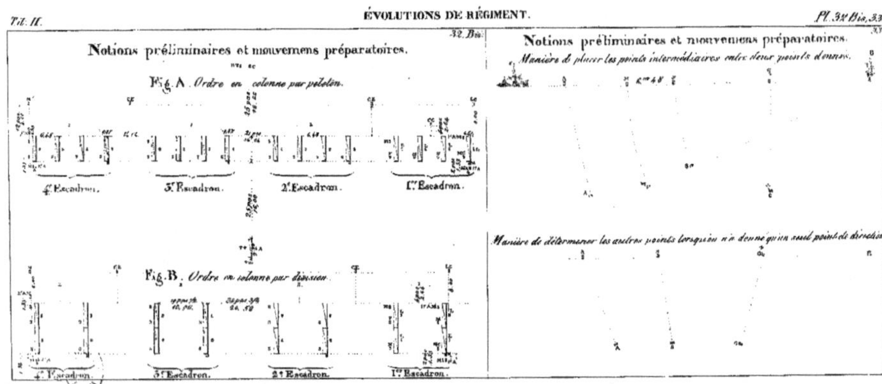
32. Bis
Notions préliminaires et mouvemens préparatoires.
Fig. A. Ordre en colonne par peloton.
4.e Escadron.   3.e Escadron.   2.e Escadron.   1.er Escadron.
Fig. B. Ordre en colonne par division.
4.e Escadron.   3.e Escadron.   2.e Escadron.   1.er Escadron.
Notions préliminaires et mouvemens préparatoires.
Manière de placer les points intermédiaires entre deux points donnés.
Manière de déterminer les autres points lorsqu'on n'a donné qu'un seul point de direction.

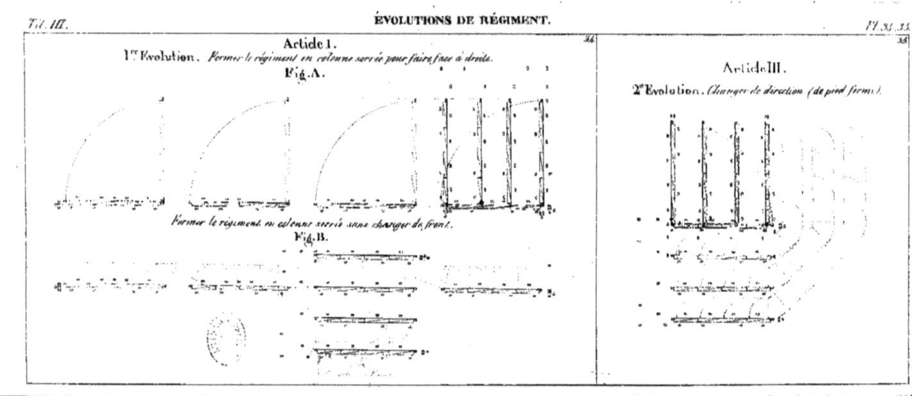
Article I.
1re Évolution. Former le régiment en colonne serrée pour faire face à droite.
Fig. A.
Former le régiment en colonne serrée sans changer de front.
Fig. B.
Article III.
2e Évolution. Changer de direction (de pied ferme).

Article III.

4.ᵉ Évolution. — Former le régiment en avant en bataille.

Article III.

5.ᵉ Évolution. — Former le régiment en arrière en bataille sur la queue de la colonne.

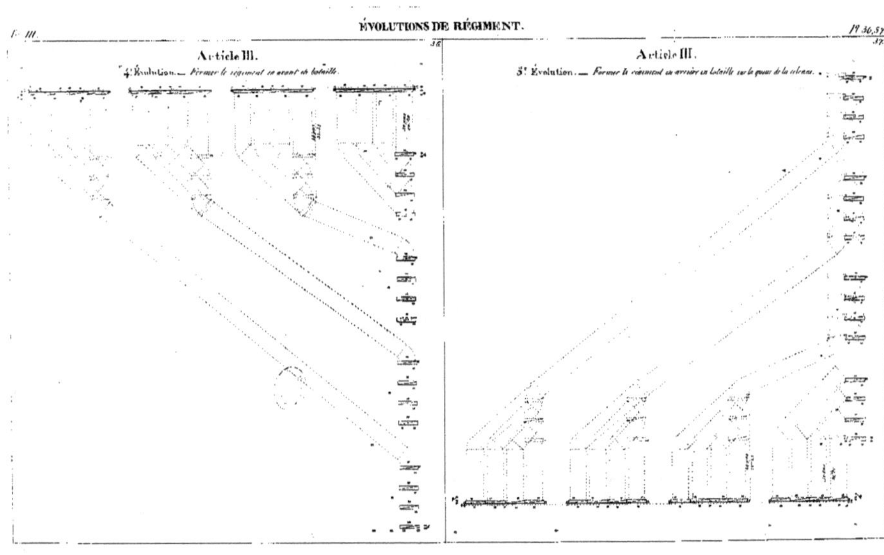

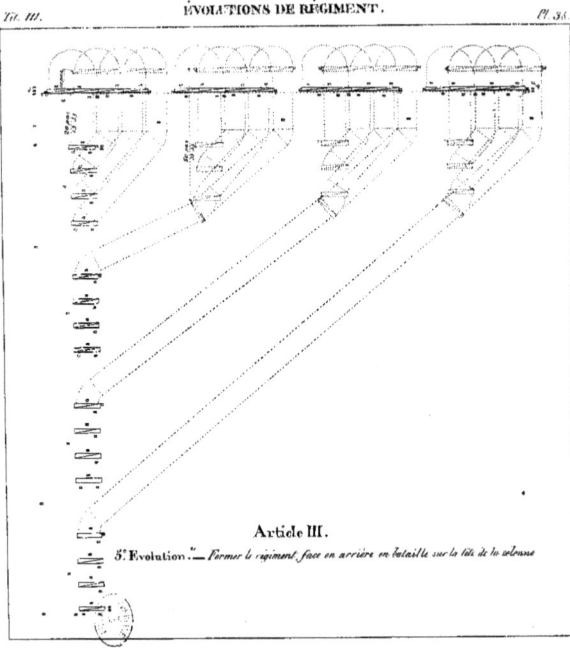

Article III.
5.e Évolution. — Former le régiment face en arrière en bataille sur la tête de la colonne

Article III.

39

5e Évolution. — *Formation en bataille par réunion des 3e et 4e évolutions, à gauche et en avant en bataille.*

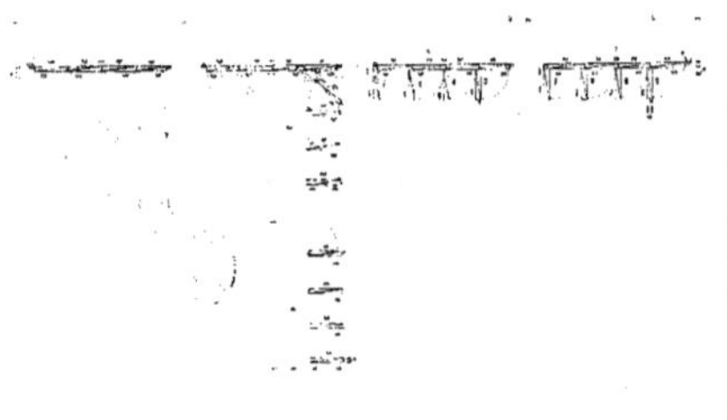

Article III.

40

5e Évolution. — *Formation en bataille par la réunion des 2e et 3e évolutions à gauche et face en arrière en bataille.*

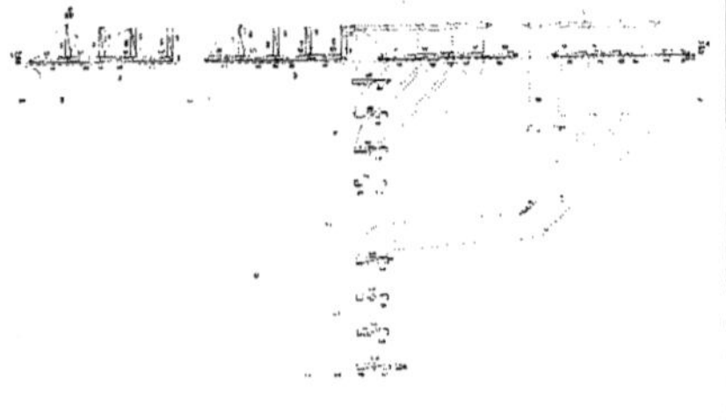

Article III.

5.ᵉ Évolution. — *Formation en bataille par la réunion des 4.ᵉ et 3.ᵉ évolutions en avant en bataille, sur un escadron du centre.*

Article III.

5.ᵉ Évolution. — *Formation en bataille par la réunion des 2.ᵉ et 3.ᵉ évolutions, face en arrière en bataille, sur un escadron du centre.*

Article III .

6.° Évolution. — *Passer une colonne serrée en bataille sur son flanc gauche.*

Fig. A.

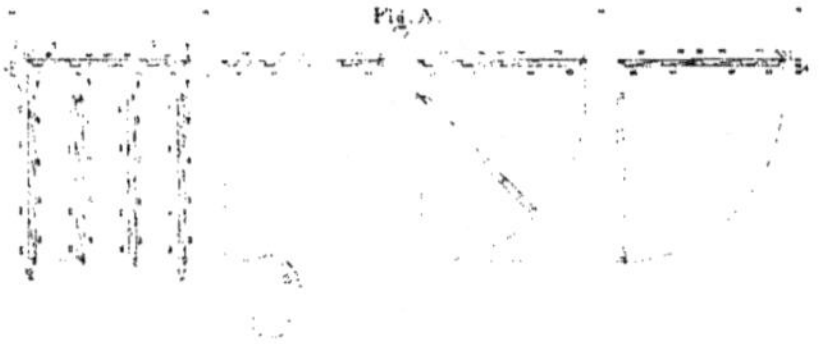

Article III.

7.° Évolution. — *Déployer une colonne serrée sur un escadron du centre.*

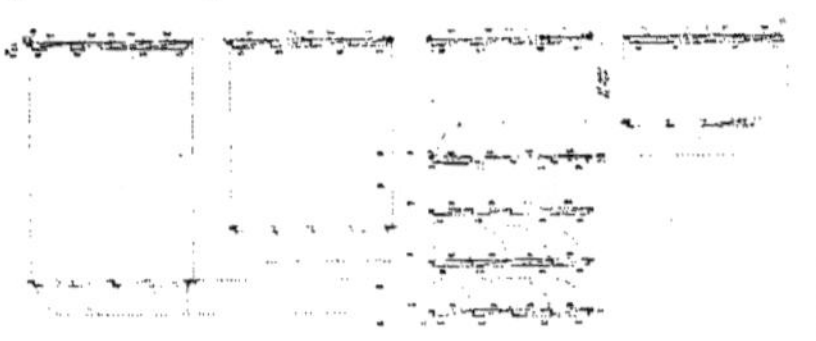

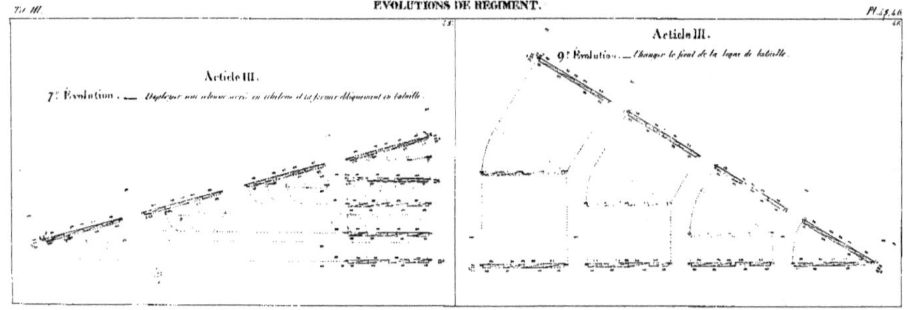
Pl. III.
Pl. 45.46.
Article III.
7e Évolution. — Déployer une colonne serrée en échelons et la former obliquement en bataille.
Article III.
9e Évolution. — Changer le front de la ligne de bataille.